mes années
POURQUOI

Ma vie de tous les jours

illustrations de
Benjamin Bécue
Sylvie Bessard
Hélène Convert
Deborah Pinto

MiLAN

Le sommaire

Qui tu es   6

Le corps humain — 8

Grandir — 10

Agir — 12

Les sens — 14

Les émotions — 16

Le nom de famille — 18

Le prénom — 19

Les différences — 20

Les handicaps — 21

Communiquer — 22

La politesse — 23

Voyons voir… — 24

Ce que tu fais   26

Le lever — 28

Le petit-déjeuner — 30

S'habiller — 32

L'école — 34

Le déjeuner — 36

L'après-midi — 38

Les métiers — 40

L'heure du goûter — 42

La salle de bains — 44

La propreté — 46

Le dîner — 48

Le coucher — 50

Le centre aéré — 52

La baby-sitter — 53

Le week-end — 54

Voyons voir… — 56

Là où tu vis 58

🏛 La ville   60

🛑 La rue   62

🐦 Le parc   64

🏪 Le supermarché   66

🅷 L'hôpital   68

💉 Le docteur   69

🐵 Le zoo   70

🍄 La campagne   72

🐓 La ferme   74

⭐ La mer   76

🌲 La montagne   78

❓ Voyons voir…   80

Pages mémoire

📅 Les jours de la semaine   82

☁ Le temps qu'il fait   84

🌳 Les quatre saisons   85

🏠 La maison   86

🏢 L'immeuble   87

💀 Les parties du corps   88

🌍 La carte du monde   90

Ab L'index   92

écrire   Tous les mots de cette imagerie sont présentés avec leur article défini. Pour aider votre enfant à mieux appréhender la nature des mots, les verbes et les actions sont signalés par un cartouche.

     Pour vérifier les acquis et permettre à votre enfant de s'autoévaluer, une double page « Voyons voir » est présente à la fin de chaque grande partie.

   Les « Pages mémoire » en fin d'ouvrage présentent un récapitulatif de savoirs fondamentaux.

Ab   Retrouvez rapidement le mot que vous cherchez grâce à l'index en fin d'ouvrage.

En bas de chaque planche se trouvent des renvois vers d'autres pages traitant un sujet complémentaire. Ainsi, vous pouvez varier l'ordre de lecture et mieux mettre en relation les savoirs.

Qui
tu es

Le corps humain

Les êtres humains ont tous un corps qui fonctionne pareil. Mais il y a quand même quelques différences...

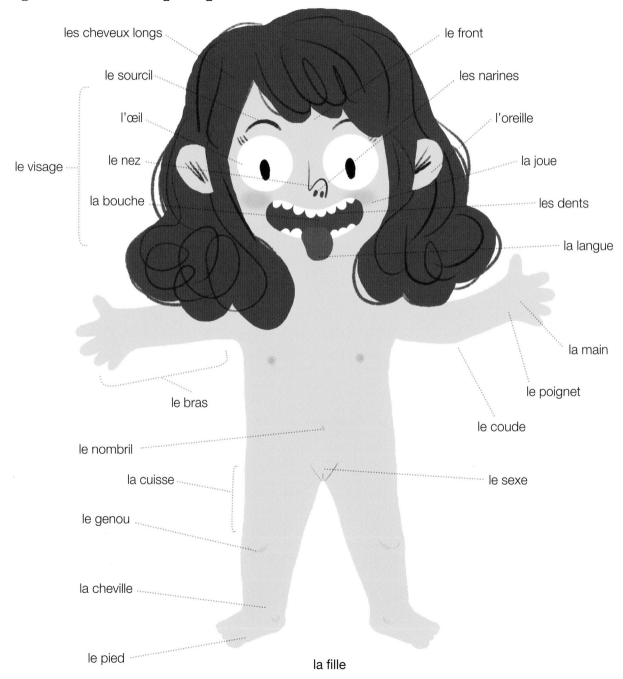

les cheveux longs

le sourcil

l'œil

le visage

le nez

la bouche

le front

les narines

l'oreille

la joue

les dents

la langue

la main

le poignet

le coude

le bras

le nombril

la cuisse

le genou

le sexe

la cheville

le pied

la fille

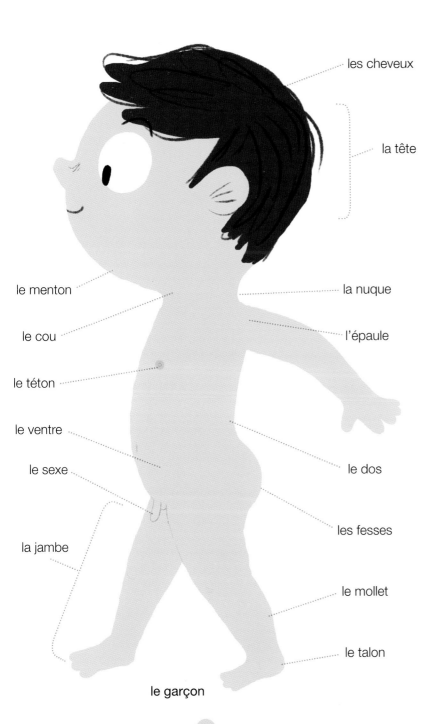

les cheveux

la tête

le menton

la nuque

le cou

l'épaule

le téton

le ventre

le sexe

le dos

les fesses

la jambe

le mollet

le talon

le garçon

De l'extérieur, tu te différencies par ton apparence : es-tu une fille ou un garçon, la couleur de tes cheveux, ta taille...

Chaque être humain est unique. Il ne peut pas exister deux corps identiques sur Terre : forme des orteils, petite cicatrice...

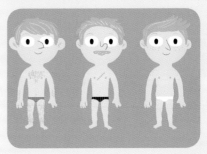

Chaque nouveau bébé naît avec un peu de son papa, un peu de sa maman et une partie qui n'appartient qu'à lui...

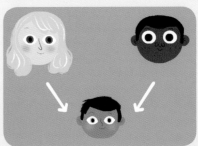

Les différences **20** 👗
Les parties du corps **88** 💀

Grandir

Toute la vie, le corps change.
Jusqu'à ce que l'on soit adulte, on grandit.

un fœtus   un bébé   un enfant   une adolescente   une adulte

un fœtus   un bébé   un enfant   un adolescent   un adulte

Comment
sais-tu que
tu grandis
?

une senior

une personne âgée

un senior

une personne âgée

« Mange ta soupe, ça fait grandir! » Pourtant, quand tu te lèves le matin, tu ne vois pas la différence avec la veille.

On grandit tout doucement. On s'en aperçoit en se mesurant parfois à la toise, ou quand un pantalon devient trop court...

On le voit aussi en regardant les photos. Une fois adulte, tu ne grandiras plus, tu continueras à vieillir... c'est la vie !

Le nom de famille **18**

Agir

Nous, les êtres humains, on bouge, on se déplace et on peut faire des milliers de choses !

 être allongé

 marcher à quatre pattes

 être accrou

 marcher

 courir

 sauter

 tomber

 faire une roulad

 monter   descendre

 grimper   glisser

 tirer   pousser

 lancer

 attraper

 donner   prendre

 danser

 se chatouiller

 se bagarrer

12

tre à genoux   être assis   se lever   être debout

Le ballon est devant toi : tu peux le prendre, taper dedans, t'asseoir dessus... Ce n'est pas ton pied qui décide de ton geste.

se tenir la main   porter   poser

C'est le cerveau qui commande. Il envoie des sortes de messages dans le corps, qui réagit et fait les mouvements que l'on veut.

accrocher   décrocher   remplir

empiler   casser   vider

Les gestes que ton corps fait automatiquement, comme respirer l'air, sont des réflexes. En connais-tu d'autres ?

tourner   plonger   nager

Le corps humain **8**
Les parties du corps **88**

♪♪ Les sens

C'est grâce à nos 5 sens que nous percevons le monde autour de nous.

la vue (les yeux)

lire un livre

regarder la télé

être ébloui

le toucher (la peau)

caresser un chien

faire un câlin

se blesser

l'ouïe (les oreilles)

écouter de la musique

bavarder avec un ami

se faire gronder

l'odorat (le nez)

sentir
une fleur

renifler une
chaussette sale

sentir un gâteau

le goût (la langue)

sucré

salé

bon

mauvais

Tu portes peut-être des lunettes ou tu connais quelqu'un qui en porte. C'est pour bien voir et ne pas fatiguer ses yeux.

Quand on voit mal de loin, ou de près, ou qu'on ne regarde pas droit, on porte des lunettes pour aider les yeux à corriger cela.

Il existe aussi des lunettes qu'on porte parfois pour se protéger. Comment s'appellent-elles et à quoi servent-elles?

♥ Les émotions

Selon ce qui se passe dans la journée,
on ressent différentes émotions.

être content
de retrouver
sa maman

être joyeux
de recevoir
un cadeau

être triste
de dire au revoir
à papa

être malheureux
d'avoir perdu
son doudou

avoir honte
de ne pas savoir
faire du vélo

être gêné
d'avoir fait
une bêtise

être fier
de son cadeau pour
la fête des Mères

être satisfait
d'avoir réussi
à faire du vélo

s'amuser
en faisant
des grimaces

rire
quand on fait
une bataille de chatouilles

avoir peur
d'une araignée

être effrayé
par un vilain
cauchemar

aimer
ses parents
pour toujours

être amoureux
de sa copine
de classe

avoir un ami
pour s'amuser
ensemble

avoir mal
après être tombé

pleurer
après s'être fait mal

être jaloux
devant un beau cadeau

avoir envie
que maman ne s'occupe
que de nous

être en colère
quand on se fait
taquiner

être énervé
quand on est
fatigué

faire un caprice
quand on est
contrarié

tu peux t'empêcher de pleurer

« Ne sois pas triste, arrête de pleurer, n'aie pas peur... » Les grands demandent des choses qui paraissent impossibles.

On ne peut pas empêcher une émotion de venir. Mais en grandissant et en réfléchissant, on apprend à se contrôler.

Ta sœur reçoit un super jouet : tu es jaloux. Mais que choisis-tu de faire : aller bouder dans ton coin, ou jouer avec elle ?

Le corps humain **8**

Le nom de famille

Voici Tom. Son nom de famille est Bucq.
Découvrons d'où il vient...

Son frère a les mêmes
parents que lui.

Léon Bucq

Tom Bucq

Camille Bucq

Sa sœur a les mêmes
parents que lui.

son frère

sa sœur

Stéphane Bucq

Émilie Bucq-Laval

son père
(papa)

sa mère
(maman)

Ce sont le père
et la mère
de son papa.

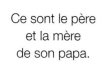

Jean-Yves Bucq

Sylvie Bucq-Coen

Daniel Laval

Cathy Laval-Jaoui

Ce sont le père
et la mère
de sa maman.

son grand-père
(papi)

sa grand-mère
(mamie)

son grand-père
(papou)

sa grand-mère
(mame)

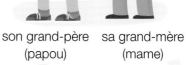

Les arrière-grands-parents sont les parents de ses grands-parents.

Le prénom

Quand ils attendent un bébé,
les parents choisissent un prénom.
L'enfant le gardera toute sa vie.

chercher un prénom

Tom

donner un prénom

écrire son prénom

Tu as l'impression d'avoir toujours fait partie de ta famille. C'est dur à imaginer, mais avant de naître, tu n'existais pas !

Tu as été fait 9 mois avant ta naissance, par ton papa et ta maman. Ce sont tes parents biologiques.

Si des parents ne peuvent pas s'occuper de leur enfant, il est confié à une autre famille... qui l'aimera tout autant !

Grandir **10**

Les différences

Taille, couleur de peau ou visage,
chacun est différent... et ça se voit !

avoir des cheveux différents

frisés	courts	bouclés	lisses	crépus	longs	le chauve
blonds	roux	châtains	bruns	noirs	blancs	

avoir des couleurs de peaux différentes

une Européenne   un Africain   une Asiatique   un Maghrébin

avoir une taille différente

grand   petit

avoir des couleurs d'yeux différentes

les yeux bleus   les yeux verts   les yeux marron

avoir un corps différent

gros   maigre

Les handicaps

Parfois, une partie du corps
ou un sens ne marche pas bien.

ne pas voir

l'aveugle

le chien
d'aveugle

l'aveugle

la canne
blanche

ne pas entendre

le sourd

l'entendant

l'appareil
auditif

l'entendant

le sourd

la langue des signes

ne pas marcher

le fauteuil
roulant

le handicapé physique

ne pas penser pareil

le handicapé mental

Pourquoi sommes-nous différents ?

À l'école, tu vois des enfants
petits, gros, roux, de peau noire...
Et toi, tu ressembles peut-être
à un de tes parents.

Couleur des cheveux, des yeux
ou de la peau... chaque bébé
est un peu comme un mélange
de ses parents et de sa famille.

On est aussi différents parce
qu'on ne fait pas tous les mêmes
choses. Tu imagines la vie,
si tout le monde était pareil?

Le corps humain **8**
Les sens **14**

📱 Communiquer

Bien sûr, le plus simple est de parler !
Mais on a inventé aussi différents
moyens de communication.

le téléphone

téléphoner

Internet

l'ordinateur

écrire un e-mail

recevoir un e-mail

la poste

poster
une carte

la boîte
aux lettres

le facteur

le courrier

recevoir une carte

🌸 La politesse

Pour que tout se passe le mieux possible, on essaie de se respecter les uns les autres.

dire bonjour

dire bonne nuit

dire s'il te plaît

dire merci

demander pardon

dire au revoir

Dire «merci» et «s'il te plaît»... Dans ta classe comme à la maison, tu respectes des règles, pour que chacun ait sa place.

Être poli, c'est une façon de dire qu'on a envie d'être avec les autres. Sinon, on se disputerait tout le temps!

La politesse, c'est aussi une façon de penser à ceux qui sont autour de toi. Et si personne ne te disait «bonjour»?

Qui lance? Et qui attrape? Qui a peur? Et qui est triste?

Tu lis une histoire. De quelles parties de ton corps te sers-tu?

  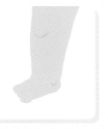  

le pied   les yeux   la main

À ton avis, qui sont les parents de cet enfant? Comment as-tu deviné?

Décris ces deux personnages.
Quelles sont leurs différences?

Décris ces deux personnages.
Quelles sont leurs différences?

Que fait cette petite fille?
Avec qui parle-t-elle?

Le garçon qui pleure est-il triste, en colère ou honteux?

Que se passe-t-il entre ces deux enfants?

Peux-tu imaginer ce que lui dit son copain?

Peux-tu nommer leur sentiment?

Tous ces enfants sont différents.
Et toi, peux-tu te décrire? Es-tu une fille ou un garçon?
Comment t'appelles-tu? Quel âge as-tu?
Qu'aimes-tu faire?

25

Ce que tu fais

⏰ Le lever

Quand on a fini de dormir
et que la nuit se termine,
on se réveille. Tous debout !

le lever du jour

le transistor

les peluches

la commode

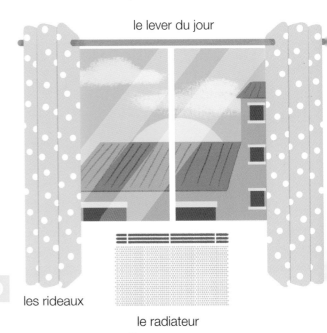

les rideaux

le radiateur

s'étirer

se réveiller

la couette

les lits
superposés

le réveil

l'oreiller

le doudou

l'échelle

la table
de chevet

le rocking-chair

le tapis circuit

la petite chaise

l'horloge

l'armoire

la bibliothèque

Depuis que tu es né, tu passes tes nuits à dormir. Ce sera pareil toute ta vie. Tout le monde dort, même les animaux !

les vêtements

le livre

On dort pour reposer son corps et son esprit. Mais il se passe des choses pendant le sommeil : on rêve, on digère, on grandit…

cheval à bascule

la caisse de jouets

Quand on est enfant, on a besoin de dormir encore plus que les adultes : c'est pour ça que tu fais la sieste.

le mobile

le lit à barreaux

les cubes

Le petit-déjeuner

C'est un repas très important qui permet de prendre des forces pour toute la journée.

le biberon

le micro-ondes

la serviette

le bol de chocolat chaud

les petits gâteaux

la petite cuillère

le paquet de céréales

la biscotte

le croissant

la tartine

le lait

le beurre

le couteau

la tasse de café

le jus d'orange

le pain au chocolat

le sachet de thé

l'évier

le pot de pâte à tartiner

la confiture

le sucre

le yaourt

la baguette

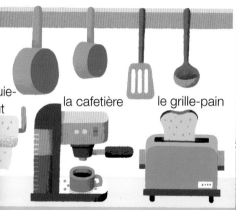

la cafetière

le grille-pain

le congélateur

les verres

le magnet

le pense-bête

les assiettes

le réfrigérateur

le four

les couverts

le lave-vaisselle

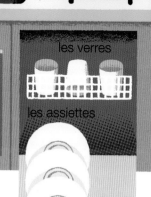

la casserole de lait chaud

l'éponge

...uide ...selle

le presse-agrumes

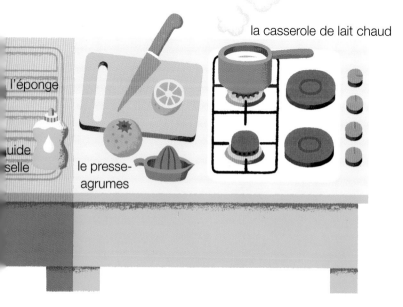

Pourquoi

est-ce que tu as faim

?

Ton ventre gargouille, tu sens les bonnes odeurs de la cuisine, tu as envie de manger : d'où te vient cette sensation ?

On a faim quand notre corps a besoin d'être alimenté. Il nous envoie ce signal pour que l'on pense à se nourrir.

On en a besoin pour bouger, respirer, réfléchir... Et puis, manger est aussi un plaisir. Quel est ton plat préféré ?

Le déjeuner **36**
Le dîner **48**

S'habiller

Le matin, selon le temps qu'il fait et ce que l'on va faire, on choisit des vêtements différents.

l'imperméable

le chapea[u]

la robe

la chemise

le tee-shirt

le short

les baskets

la jupe

les chaussures

le collant

le slip

la culotte

enlever son pyjama

les gants

le bonnet

l'écharpe

le pantalon

le manteau

la salopette

le pull

les bottes

les chaussettes

ttre ses chaussures

Pourquoi
dois-tu t'habiller ?

Tous les matins, il faut décider comment tu vas t'habiller. Est-ce que tu vas mettre des vêtements chauds ou légers ?

On choisit des vêtements car notre corps ne peut pas rester tout nu : on s'habille pour se tenir chaud et se protéger.

Au temps des hommes de Cro-Magnon, on s'habillait avec des peaux de bêtes. À chaque époque, ses modes et ses habits !

Le temps qu'il fait **84**
Les quatre saisons **85**

✂ L'école

Les élèves y sont rassemblés
par classes pour apprendre
avec un maître
ou une maîtresse.

le tableau

la date

lundi 15 Octobre

le classeur

la cage
du lapin

le bureau de la maîtresse

l'estrade

la maîtress

le panier
à doudous

la plante

les perles

les cubes

dessiner

colorier

la pâte
à modeler

les feutres

les crayons
de couleur

coller

le coin bibliothèque

les gommettes

34

faire du toboggan

l'assistant maternelle

surveiller

le tricycle

jouer au facteur

la marelle

Lundi, mardi, jeudi et vendredi, tu vas à l'école. Tu fais de la peinture, découvres les lettres, fais de la gym…

Ce que l'on apprend à l'école aide à mieux parler et à mieux communiquer avec les autres, à mieux se servir de son corps.

On apprend à faire des choses tout seul et à découvrir le monde. Te souviens-tu d'une histoire apprise à l'école ?

l'horloge

dortoir

le rideau

ire
este

35

L'après-midi **38**

Les jours de la semaine **82**

✕ Le déjeuner

C'est le repas du milieu de la journée. Si on est à l'école, on peut rester à la cantine. Mais avant, tout le monde aux toilettes !

le menu

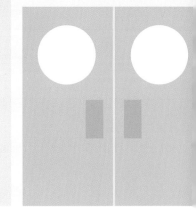

les cuisines

le menu
melon
steak
petits pois
fromage blanc
pomme

la carafe d'eau

faire tomber sa cuillère

le plat

servir

le chariot

le casier à servie

la petite chaise

la table

36

les toilettes

se laver
les mains

se rhabiller

les lavabos

le savon

TOILETTES

le vestiaire

Léo	Inès	Paul	Omar

accrocher
sa veste

les portemanteaux

Légumes, viande, féculents, laitages, fruits… On te le dit souvent : pour être en pleine forme, il faut manger de tout.

Le corps transforme les aliments en énergie. Quand la nourriture est variée, le corps trouve tout ce dont il a besoin.

En variant ses aliments, on peut faire plein de recettes différentes : qu'est-ce que tu voudrais cuisiner de bon ?

Le petit-déjeuner **30**
Le dîner **48**

🚶 L'après-midi

Après la sieste, on reprend
la classe avec d'autres activités...
jusqu'à la sonnerie !

le livre

écouter une histoire

raconter une histoire

faire de la peinture

faire du découpage

jouer à la dînette

le tambourin

les maracas

le xylophone

chanter

jouer de la musique

sauter
à cloche-pied

le cerceau

marcher
en équilibre

le plot

la poutre

faire
une roulade

le tapis

faire la ronde

jouer au football

le ballon

Tu vas à l'école depuis un, deux ou trois ans… Tu crois peut-être que ça ne va pas durer : après tout, avant, tu n'y allais pas !

On va à l'école pendant toute l'enfance. Après la maternelle, c'est l'école primaire. On y apprend encore plus de choses.

Et puis après, tu continueras à aller à l'école jusqu'à ce que tu sois un adulte, ou presque : tu pourras alors choisir un métier.

L'école **34**
Les métiers **40**

🖥 Les métiers

Souvent, quand on est grand,
il faut travailler. Il existe
des centaines de métiers...

le maître d'école

l'infirmière

le médecin

la vétérinaire

la secrétaire

l'ouvrier

l'architecte

le jardinier

le cuisinier

le pompier

le militaire

le policier

le facteur

la photographe

la journaliste

le pilote

le steward

le maître-nageur

le déménageur

le couturier

l'illustratrice

le chômeur

Papa ou maman disent parfois qu'ils n'ont pas envie d'aller au travail, qu'ils préféreraient rester au lit bien au chaud…

Mais ils vont travailler afin de gagner de l'argent. On en a besoin pour avoir une maison, des vêtements, à manger…

Et le travail, ça peut être une activité passionnante, que l'on aime bien faire! Toi, que voudrais-tu faire plus tard?

L'heure du goûter

Après l'école, certains rentrent goûter à la maison et ont du temps pour jouer.

la lampe halogène

la télévision

prendre le goûter

le vase

la tartine

le verre de lait

la clémentine

jouer au jeu vidéo

le déguisement

lire

lire le journal

le fauteuil

jouer à la poupée

sauter
sur le canapé

la pêche à la ligne

la télécommande

écouter
de la
musique

la table
basse

jouer aux
petites voitures

faire un puzzle

Pourquoi ?

ne peux-tu pas
regarder la télé
tout le temps

Tu adores regarder la télé et jouer aux jeux vidéo. Pourtant, tes parents ne t'y autorisent pas à chaque fois que tu le veux…

Quand on grandit, il est important d'imaginer des jeux, de jouer à son rythme, d'être actif et de réfléchir…

L'idéal est de varier ses activités et de s'aérer! Comme ça, tu es content quand vient l'heure de la partie de console avec papa.

Le petit-déjeuner **30**
Le centre aéré **52**

La salle de bains

C'est l'heure de se laver !
Pour être tout propre
il faut bien frotter partout.

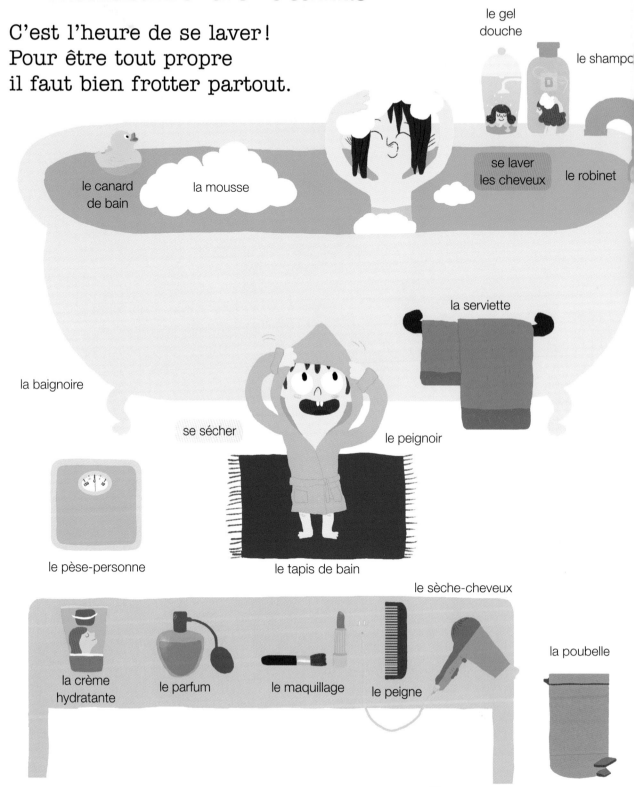

le gel douche

le shampo

le canard de bain

la mousse

se laver les cheveux

le robinet

la serviette

la baignoire

se sécher

le peignoir

le pèse-personne

le tapis de bain

le sèche-cheveux

la poubelle

la crème hydratante

le parfum

le maquillage

le peigne

l'armoire à pharmacie

les pansements   le sirop   le thermomètre

le miroir

se brosser
les cheveux

la brosse

Papa ou maman le répètent souvent : «Viens te doucher», «T'es-tu lavé les mains?», «Va te brosser les dents»...

Partout autour de nous, il y a des microbes. Ce sont de minuscules petites bêtes. Elles peuvent apporter des maladies.

se brosser
les dents

le rasoir

se raser

la brosse
à dents

le verre à dents

ousse
aser

le lavabo

le dentifrice

le savon

la barrette

Pour chasser ces saletés qui viennent sur notre corps, il faut se laver régulièrement. N'est-ce pas agréable de sentir bon?

45

Le corps humain **8**
Le docteur **69**

La propreté

Quand on est petit, on met des couches. Puis on apprend à aller sur le pot et aux toilettes.

le paquet
de couches

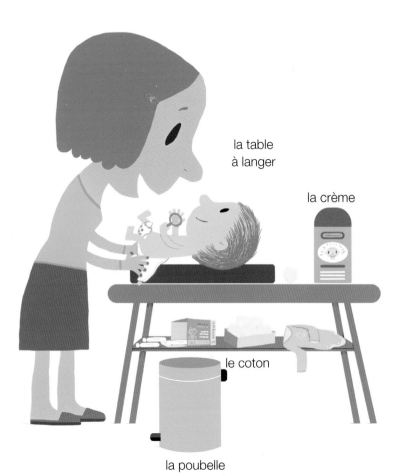

la table
à langer

la crème

le coton

la poubelle
pour les couches

la couche-
culotte

le pot

les lingettes

la couche
pour la nuit

le rouleau de papier-toilette

la chasse d'eau

le rehausseur

le marchepied

la brosse

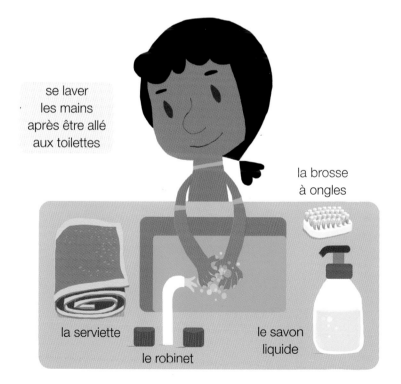

se laver les mains après être allé aux toilettes

la brosse à ongles

la serviette

le robinet

le savon liquide

Plusieurs fois par jour, tu vas aux toilettes faire pipi ou caca. C'est pareil pour tout le monde, pendant toute la vie.

L'estomac fait le tri dans ce que l'on mange et boit. Par le pipi et le caca ressortent des déchets dont le corps n'a pas besoin.

Le corps est une machine intelligente. Il garde ce qui lui est utile dans ce que tu manges. Ça s'appelle la digestion.

Le dîner

En fin de journée et avant d'aller se coucher, toute la famille dîne. C'est le repas du soir.

l'horloge

la purée de légumes

le petit pot

la quiche

le steak

la bouteille d'eau

mettre s serviette

la pizza

le poisson pané

la soupe

les frites

la salade

l'œuf à la coque

le riz

les pâtes

les haricots verts

la purée

le jambon

le poulet

les carottes

le pain

la saucisse

le saumon

la nappe

le buffet

les condiments

les verres

les verres à pied

le saladier

les tasses

amelle

le fromage à tartiner

le yaourt aux fruits

la compote

l'emmenthal

la crème au chocolat

la salade de fruits

Pourquoi
manges-tu aux mêmes moments chaque jour ?

Tes parents t'appellent toujours à la même heure pour passer à table... et parfois tu n'as pas envie d'y aller!

Pourtant, un enfant doit s'alimenter quatre fois par jour pour avoir des forces tout au long de la journée.

Ce rythme correspond aux besoins de ton corps, il est donc important de le respecter. Que ressens-tu quand tu as faim?

Le petit-déjeuner **30**
Le déjeuner **36**

49

Le coucher

Tous les soirs, on va se coucher,
pour dormir toute la nuit
avant une nouvelle journée.

les rideaux

la nuit

la veilleuse

l'oreiller

la couette

le cheval à bascule

faire un c

les chaussons

la tétine

la tasse

rêver

la robe
de chambre

bâiller

lire une histoire

Pourquoi
fait-on des cauchemars
?

Parfois, tu te réveilles la nuit en transpirant et en pleurant. Tu te souviens de choses qui te font peur, tu appelles tes parents.

Les cauchemars, ce sont des rêves désagréables. C'est l'imagination qui joue des tours. Ça ne se passe pas pour de vrai.

le coussin

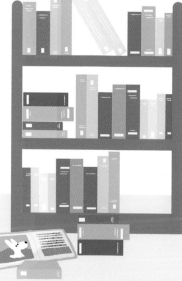

ranger

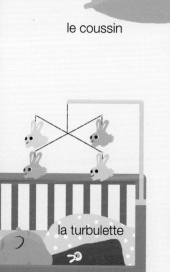

la turbulette

Tout le monde rêve quand il dort. Ce n'est pas à cause de l'obscurité. Et toi, que fais-tu pour essayer de te rassurer?

dormir

51

Le centre aéré

Le mercredi, il n'y a pas classe.
Mais beaucoup d'enfants vont
dans l'école pour jouer,
faire des activités...

faire du sport

déjeuner ensemble

jouer dehors

l'échelle

le toboggan

l'animatrice

faire la sieste

🛒 La baby-sitter

Elle garde les enfants le mercredi ou le soir quand les parents sortent.

a baby-sitter

jouer au parc

dîner ensemble

dormir

Parfois, le matin, tu n'as pas envie d'aller à l'école ou au centre aéré et tu voudrais rester avec papa et maman.

Mais au travail des parents, il n'y a pas de place pour la famille. C'est du sérieux ! Les enfants s'y ennuieraient.

Quitter tes parents, c'est l'occasion de te faire des bons copains, de découvrir des choses différentes de la maison...

L'après-midi **38** 🚶

Les métiers **40** 🧳

Le week-end

Le samedi et le dimanche,
il n'y a pas d'école. Et souvent,
les adultes ne travaillent pas.

faire du poney

aller au cinéma

aller à la piscine

se promener en forêt

faire du vélo

faire un tour de manège

rendre visite à sa famille

visiter un musée

assister à un spectacle

Pourquoi fais-tu une activité ?

être invité à un goûter d'anniversaire

faire les magasins

faire la grasse matinée

Gymnastique, danse, musique, poney... tu fais peut-être une activité le samedi. Souvent ce sont tes parents qui l'ont choisie.

Pour savoir ce que l'on aime ou pas, il faut essayer. C'est parfois dur d'apprendre, ou ça peut faire peur car c'est nouveau...

Mais quand on a trouvé un loisir que l'on adore, ça devient une passion. Et toi, qu'est-ce que tu préfères faire?

L'après-midi 38
Les jours de la semaine 82

Voyons voir...

À quels moments de la journée manges-tu ou bois-tu ces aliments?

le steak frites | le croissant | les gâteaux | les céréales | le yaourt | l'eau

Est-ce que ces activités sont des métiers?

Où peux-tu trouver ces objets?

les pansements | les chaussures | le tableau | la télévision | le réveil

Pourquoi cette petite fille
se lave-t-elle les mains?

Aujourd'hui, il pleut.
Avec quoi t'habilles-tu?

le chapeau
de paille

le pull

le tee-shirt

le pantalon

l'imperméable

le short

les bottes

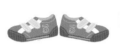
les chaussures

le bonnet

Chacun a une activité différente.
Et toi? Qu'as-tu fait aujourd'hui?
Essaie de raconter ta journée
dans l'ordre.

Là où
tu vis

La ville

Une ville est un ensemble de bâtiments où vivent et travaillent plein de gens.

le stade

l'immeuble

la poste

le marché

la mairie

la bibliothèque

la bouche de métro

la place centrale

la statue

le cinéma

la banque

la caserne

la supéret*

le train

la station-service

la gare

l'école

le commissariat de police

le parc

le parking

la piscine

Pourquoi
y a-t-il des villes

?

Où vis-tu? À la campagne ou en ville? À la campagne, on a de l'espace, les maisons sont moins collées et on est dans la nature.

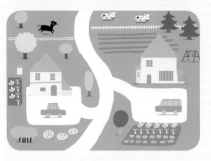

Beaucoup de gens habitent en ville car on y trouve plus de travail, plus de magasins, de quoi se divertir et se loger...

Plus les gens doivent habiter en ville, plus elles grandissent. Il y en a des petites et d'autres immenses. Comment est ta ville?

Le parc **64**

La campagne **72**

🛑 **La rue**

C'est le chemin que l'on prend
pour aller d'un endroit
à un autre, dans une ville.

RUE
ADRIDE

la boulangerie

le boulanger

STOP

la boucherie

le boucher

la poissonnerie

le poissonnier

la boîte aux lettres

le kiosque à journaux

le kiosquier

jeter un déch

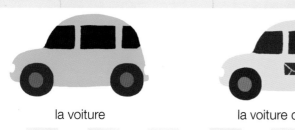

la voiture

la voiture du facteur

le camion poubelle

le feu
tricolore

la moto

le vélo

le camion des pompiers

la borne à incenc

la pâtisserie

le pâtissier

la pharmacie

le pharmacien

le restaurant

le serveur

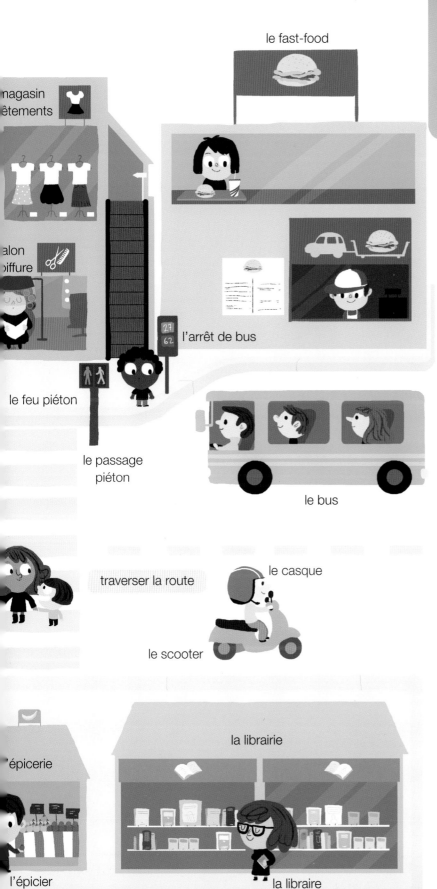

le fast-food

magasin
vêtements

salon
coiffure

l'arrêt de bus

le feu piéton

le passage
piéton

le bus

traverser la route

le casque

le scooter

la librairie

épicerie

l'épicier

la libraire

Pourquoi
dois-tu faire attention dans la rue ?

Ne traverse pas si le bonhomme est rouge, ne roule pas à vélo sur le trottoir... Dehors, tu ne peux pas faire ce que tu veux.

Si chacun faisait ce qu'il voulait, il y aurait beaucoup d'accidents et de disputes. C'est pour ça qu'il existe un code de la route.

Pour nous aider, on trouve des panneaux qui donnent des informations importantes : est-ce que tu en connais ?

Le parc

le moineau

En ville, c'est un espace de verdure où l'on peut jouer, courir et se promener.

le banc

le panneau d'interdiction

la pelouse

le parte de fleu

le gardien

jouer au ballon

la poubelle

le bac à sable

le jeu à ressorts

le tape-cul

le pont de singe

le toboggan

le filet

le portail

l'allée

le bassin

les poissons rouges

le bateau

la fontaine

le canard

les canetons

nourrir les canards

promener son chien

Est-ce
qu'un parc,
c'est comme
la campagne

Tu vas au parc pour jouer,
voir des arbres, des fleurs...
Pourtant, il se trouve toujours
en ville.

C'est un endroit construit, ce
n'est pas comme dans la nature.
Le jardinier s'occupe des
plantes, le gardien surveille...

Quand on habite en ville,
on aime voir de la verdure,
être au calme. Quelle est
ton activité préférée au parc?

La campagne **72**

Le supermarché

C'est un grand endroit
où l'on va pour faire les courses.
On y trouve presque tout !

les bananes

la salade

l'ananas

la tomate

la pomme

les ra

la bala

la caisse

le tapis roulant

le ticket

payer

le melon

le kiwi

la pêche

les fraises

l'orange

peser
ses fruits

la poire

les cerises

la barre
chocolatée

les boîtes
de conserve

la dégustation

le café

les chewing-
gums

les bonbons

le gâteau

la brioche

le chariot

le cabas

le croissant

le pain
au chocolat

le rayon poissons

l'eau

le vin

le
d'or

le pain

la crevette

les moules

le poisson

le crabe

la carotte

le poireau

l'oignon

la courgette

les poivrons

l'aubergine

pommes de terre

le navet

les champignons

le rayon fruits et légumes

être perdu

e lait

les yaourts

le camembert

le gruyère

le fromage râpé

la crème fraîche

la liste de courses

eurre

le rayon crémerie

le prix

le panier

le poulet

les surgelés

le saucisson

les glaces

jambon

les steaks hachés

les saucisses

les frites

le rayon charcuterie

la pizza

les céréales

le chocolat

le paquet de gâteaux

les poissons panés

Pourquoi
ne peux-tu pas acheter ce que tu veux ?

Quand tu fais les courses avec tes parents, tu vois des choses que tu voudrais avoir : des jouets, des bonbons, des jeux vidéo...

Tous ces objets coûtent de l'argent. Pour en gagner, les parents doivent travailler. Chaque chose a un prix.

On achète ce dont on a besoin : nourriture, vêtements... Mais on peut se faire des cadeaux de temps en temps !

Le déjeuner **36**
Les métiers **40**

H L'hôpital

C'est le lieu où arrivent et sont soignés tous les malades et les blessés.

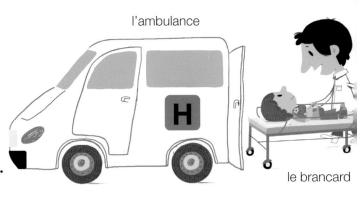

l'ambulance

le brancard

la radiographie

le médecin

la salle d'attente

le chirurgien

le patient

la salle d'opération

la télévision

le plateau-repas

l'aide-soignante

la chambre

le papa

la sœu

le bébé

la maman

la sœ

la maternité

Le docteur

Son travail est de reconnaître les maladies et de soigner les gens.

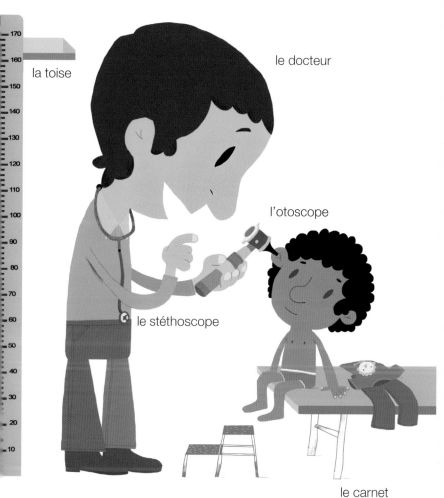

la toise

le docteur

l'otoscope

le stéthoscope

pèse-personne

la seringue du vaccin

l'ordonnance

le carnet de santé

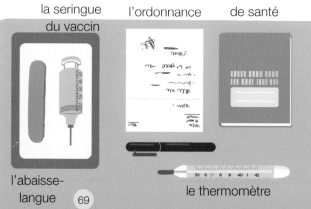

l'abaisse-langue

69

le thermomètre

As-tu déjà été malade? On ne va pas à l'école, on voit le docteur... Ça arrive à tout le monde, et ce n'est souvent pas grave.

Il existe plein de maladies, que l'on attrape de façons différentes : c'est notre corps qui est parfois fragile.

Si le problème de santé est grave, on va à l'hôpital. Ça ne dure souvent que quelques jours. Et toi, as-tu déjà été hospitalisé?

Le corps humain 8
La salle de bains 44

 # Le zoo

C'est une sorte de parc
où l'on va voir des animaux
du monde entier.

les éléphants

le soigneur

la billetterie

ZOO

l'entrée
du parc

le magasin
de souvenirs

la poubelle

les koalas

les flamants
roses

l'ara

prendre
des photos

les girafes

les kangourous

le loup

le vivarium

la tortue

le gardien

les phoques

le morse

l'ours blanc

le crocod

les manchots

les autruches

l'hippopotame

...anneau ...lications

les zèbres

les singes

le paon

les gazelles

le panda

le gorille

la panthère

être effrayé

le lion

le tigre

Est-ce que les animaux sont heureux au zoo ?

Certains animaux restent au fond de leur enclos. D'autres ont des cages très petites... Tu te dis qu'ils sont tristes.

Au zoo, on voit des animaux sauvages qui seraient peut-être plus heureux en liberté, mais dont on prend bien soin.

Certains sont nés ici et ne sauraient pas vivre dans la nature. D'autres ont même été sauvés par les zoos !

ATTENTION

La campagne

Pas de maisons, pas de magasins… Ici, on est loin de la ville. Vive la nature !

le renard

le sentier

le sapin

ramasser des champign...

cueillir des fleurs

le blaireau

la mousse

le pique-nique

la car... à pêc...

pêcher

la biche

chasser des papillons

la carpe

72

le coucou

le hibou

le tronc
d'arbre

le nid

le chêne

fougères

le houx

le hérisson

le hêtre

le cerf

le gland

le marcassin

le sanglier

la rivière

l'écureuil

le marron

la grenouille

le têtard

le châtaignier

s feuilles
mortes

le gui

73

Pourquoi
y a-t-il
des chasseurs
?

Il en existe depuis longtemps !
Ils se promènent en forêt,
cherchent les animaux et
en chassent pour les manger.

Il y a des règles qui interdisent
de chasser trop, n'importe où et
n'importe quand. Les chasseurs
doivent les respecter.

Les pêcheurs chassent...
du poisson ! Parfois, ils libèrent
celui qu'ils ont pêché, après
l'avoir photographié.

La ferme

C'est ici que travaillent les agriculteurs. Ils élèvent des animaux et cultivent la terre.

l'écurie

le cheval

la va[c]

le hangar

le fourrage

la porcherie

le percheron

la cour de la ferme

le cochon

le chat

le fermier

la brouette

le poulailler

la basse-cour

la boutique

le coq

la poule

l'oie

le canard

l'étable

le taureau

...eau

le tracteur

les clapiers
à lapins

la bergerie

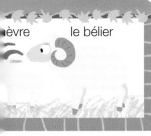

...èvre   le bélier

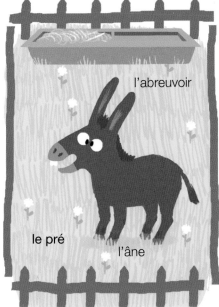

l'abreuvoir

le pré

l'âne

l'épouvantail

le champ de blé

le verger

75

Si tu prends un épi de blé dans ta main, tu vois de petits grains jaunes et durs. Cuits, ils deviennent le blé que l'on mange.

On fait beaucoup d'autres choses avec le blé, une fois transformé : de la farine, du pain, des pâtes, des gâteaux, de la semoule...

Sais-tu avec quoi on fait du pain? De la farine, de l'eau, du sel et de la levure. Pourquoi ne pas essayer chez toi?

Le petit-déjeuner **30**

Le déjeuner **36**

La mer

Au bord de la mer, il y a des ports, des plages, des rochers...

le soleil

le phare

la mouette

le voilier

le canot à moteur

le plongeur

le chena

surfer

la planche à voile

la zone de baignade

la vague

le tuba

le masque

se baigner

la bouée

le goéland

les rochers

l'algue

l'étoile de mer

le chapeau

faire un château de sable

le seau

jouer au ballon

se faire pincer par un crabe

le tamis

le râteau

la pelle

le chalutier

pêcher

la digue

le jet-ski

le drapeau

la dune

les lunettes
de soleil

les galets

maillot de bain

le parasol

les tongs

le sauveteur

les coquillages

la crème
solaire

la serviette

bronzer

le couteau

le marchand
de glaces

77

D'où
vient le sel
?

Si tu bois la tasse, tu recraches l'eau car elle est trop salée. Après le bain, le sel de la mer reste aussi un peu sur ta peau.

C'est de là que vient le sel que l'on met dans les plats à table. On le récolte dans les marais, en bord de mer, et on le nettoie.

On est habitué à manger salé : cela donne du goût aux plats. Connais-tu un plat salé et un plat sucré?

🌲 La montagne

Ici, en hiver, il fait très froid.
Tous ceux qui aiment la neige
se retrouvent à la station de ski.

les œufs

le bonhomme
de neige

le chasse-neige

le moniteur

le téléski
ou tire-fesses

surfer

skier

la patinoire

faire de la luge

patiner

le traîneau

le sommet

la marmotte

l'alpiniste

le skieur de fond

le sapin

le chalet

les raquettes

du ski alpin

la piste

la bataille de boules de neige

Qu'est-ce
que c'est,
la neige
?

Elle recouvre tout de blanc quand elle tombe en grande quantité et qu'il fait bien froid. Sinon, tu vois ses flocons fondre.

La neige, c'est de la pluie transformée par le froid qu'il peut faire tout là-haut dans le ciel. C'est comme de la glace.

Quand il neige beaucoup et que ça tient bien, le paysage est joli. Comme c'est de l'eau gelée, en fondant, elle te mouille.

Le temps qu'il fait **84**
Les quatre saisons **85**

Où sont ces personnages?

Comment s'appellent ces lieux?

Est-ce que ces personnes peuvent traverser la rue?

Est-ce que ce camion peut avancer?

Que font ces personnages?

Chaque magasin vend des choses différentes. Les reconnais-tu et sais-tu ce qu'on y achète? Comment s'appellent ceux qui y travaillent?

Les jours de la semaine

lundi   mardi   mercredi

le matin

l'après-midi

le soir

jeudi

vendredi

samedi

dimanche

Le temps qu'il fait

le soleil

les nuages

la pluie

l'orage

la neige

le brouillard

Les quatre saisons

le printemps

l'été

l'automne

l'hiver

La maison

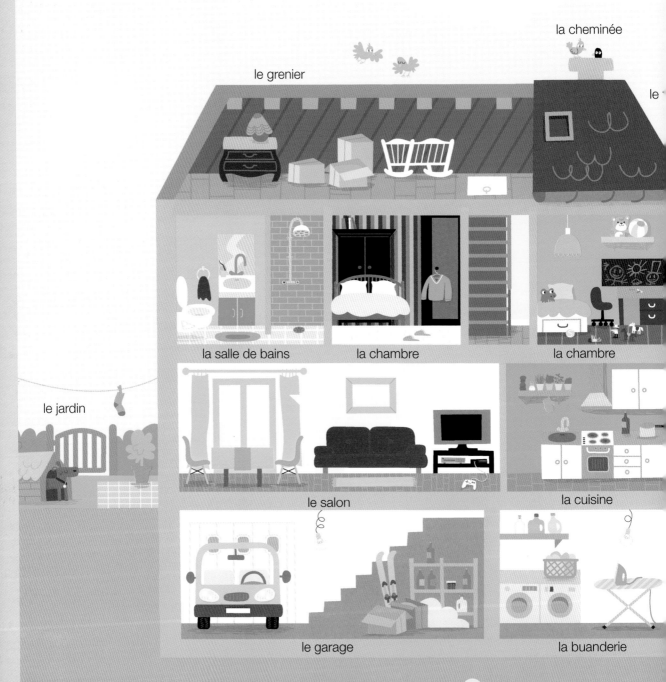

la cheminée

le grenier

le jardin

la salle de bains

la chambre

la chambre

le salon

la cuisine

le garage

la buanderie

L'immeuble

l'antenne

la parabole

le troisième étage

le deuxième étage

l'atelier

le balcon

le studio

l'appartement

le premier étage

l'appartement

le palier

le rez-de-chaussée

la loge du gardien

le hall d'entrée

ubelles

le sous-sol

les caves

l'ascenseur

Les parties du corps

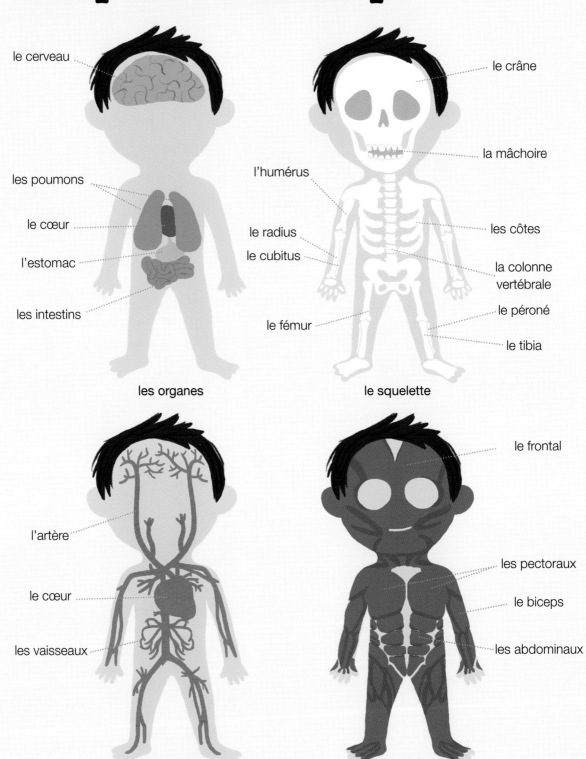

le cerveau

le crâne

les poumons

le cœur

l'estomac

les intestins

l'humérus

le radius

le cubitus

le fémur

la mâchoire

les côtes

la colonne vertébrale

le péroné

le tibia

les organes

le squelette

l'artère

le cœur

les vaisseaux

le frontal

les pectoraux

le biceps

les abdominaux

le système sanguin

les muscles

la bouche

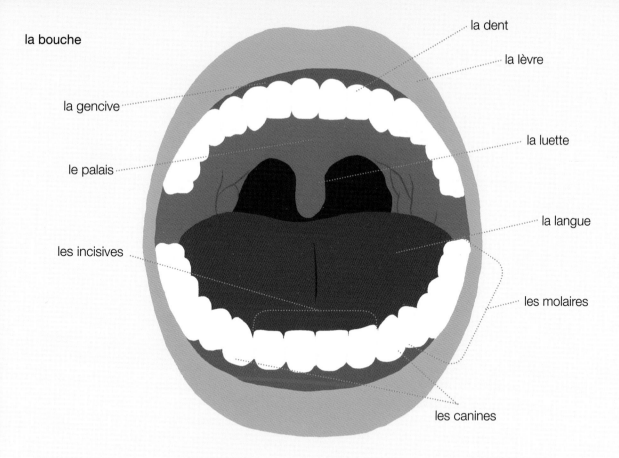

la dent

la lèvre

la gencive

la luette

le palais

la langue

les incisives

les molaires

les canines

la main

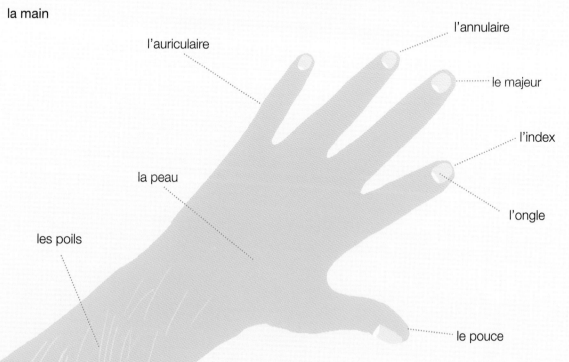

l'annulaire

l'auriculaire

le majeur

l'index

la peau

l'ongle

les poils

le pouce

La carte du monde

L'AMÉRIQUE

la statue
de la Liberté

L'OCÉAN
ATLANTIQUE

Stonehenge

L'OCÉAN
PACIFIQUE

la Pyramide
du Soleil

Kourou

la mosquée
de Djenné

l'île de Pâques

OCÉAN ARCTIQUE

le Transsibérien

la cathédrale
Saint-Basile

L'ASIE

L'OCÉAN
PACIFIQUE

EUROPE

ramides
Gizeh

Dubai

la Grande
Muraille

AFRIQUE

le Taj Mahal

L'OCÉAN
INDIEN

Ayers Rock

L'OCÉANIE

l'opéra
de Sydney

L'OCÉAN ANTARCTIQUE

A

abaisse- langue 69
abdominaux 88
abreuvoir 75
accident 63
accrocher 13, 37
acheter 67
activité 38, 52, 55, 57
adolescent 10
adulte 10, 39
Africain 20
Afrique 91
agir 12
agriculteur 74
aide-soignant 68
aimer 17
algue 76
aliment 37, 56
allée 65
alpiniste 79
ambulance 68
Amérique 90
ami 14, 17
amoureux 17
ananas 66
âne 75
animatrice 52
animaux 70, 71, 73, 74
anniversaire 55
annulaire 89
antenne 87
appareil 21
appartement 87
après-midi 38, 82
ara 70
araignée 16
arbre 65, 73
architecte 40
argent 41, 67
armoire 29, 45
arrêt de bus 63
arrière-grand-parent 18
artère 88
ascenseur 87
Asiatique 20
Asie 91
assiette 31
assistant maternelle 35
atelier 87
attraper 12
aubergine 67
auriculaire 89
automne 85
autruche 71
aveugle 21
avoir mal 17

B

baby-sitter 53
bac à sable 64
baguette 30
baignade 76
baignoire 44
bâiller 50
bain 44
balance 66
balcon 87
ballon 39, 64, 76
banane 66
banc 64
banque 60
barre chocolatée 66
barrette 45
basket 32
basse-cour 74
bassin 65
bataille 79
bateau 65
bâtiment 60
bavarder 14
bébé 9, 10, 68
bélier 75
bergerie 75
bêtise 16
beurre 30, 67
biberon 30
bibliothèque 29, 34, 60
biceps 88
biche 72
billetterie 70
biscotte 30
blaireau 72
blanc 20
blé 75
blessé 68
bleu 20
blond 20
boîte aux lettres 22, 62
boîte de conserve 66
bon 15
bonbon 66
bonhomme de neige 78
bonnet 33
borne à incendie 62
botte 33, 57
bouche 8, 89
boucher 62
boucherie 62
bouclé 20
bouder 17
bouée 76
boulanger 62
boulangerie 62
bouteille 48
boutique 74
brancard 68
bras 8
brioche 66
bronzer 77
brosse 45, 47
brosse à dents 45
brouette 74
brouillard 84

brun 20
buanderie 86
buffet 49
bureau 34
bus 63

C

cabas 66
caca 47
cadeau 16, 17, 67
café 30, 66
cafetière 31
cage 34, 71
caisse 66
câlin 14, 50
camembert 67
camion 62
camion poubelle 62
campagne 61, 72
canapé 43
canard 44, 65, 74
caneton 65
canine 89
canne à pêche 72
canne blanche 21
canot à moteur 76
cantine 36
caprice 17
carafe d'eau 36
caresser 14
carnet de santé 69
carotte 48, 67
carpe 72
carte 22, 90
caserne 60
casier à serviettes 36
casque 63
casser 13
casserole 31
cathédrale 91
cauchemar 16, 51
cave 87
centre aéré 52
cerceau 39
céréale 30, 56, 67
cerf 73
cerise 66
cerveau 13, 88
chalet 79
chalutier 77
chambre 68, 86
champ 75
champignon 67, 72
chanter 38
chapeau 32, 76
charcuterie 67
chariot 36, 66
chasse-neige 78
chasse d'eau 47
chasser 72, 73
chasseur 73
châtaignier 73
châtain 20
château 76

chatouille 16
chaussette 15, 33
chausson 50
chaussure 32, 33, 56
chauve 20
chemin 62
cheminée 86
chemise 32
chenal 76
chêne 73
cheval 74
cheval à bascule 50
cheveux 8, 9, 20, 44, 45
cheville 8
chèvre 75
chewing-gums 66
chien 14, 65, 74
chien d'aveugle 21
chirurgien 68
chocolat 30, 67
chômeur 41
ciel 79
cinéma 54, 60
clapier 75
classe 34, 38
classeur 34
clémentine 42
cochon 74
code de la route 63
cœur 88
collant 32
coller 34
colonne vertébrale 88
colorier 34
commissariat 61
commode 28
communication 22
communiquer 22
compote 49
condiment 49
confiture 30
congélateur 31
content 16
contrarié 17
copain 53
coq 74
coquillage 77
corps 8, 10, 13, 20, 21, 24, 29, 31, 33, 35, 37, 45, 47, 49, 69, 88
côte 88
cou 9
couche 46
coucher 50
coucou 73
coude 8
couette 50
couleur 9, 20
courgette 67
courir 12, 64
courrier 22
course 66, 67

court 20
coussin 51
couteau 30, 77
couturier 41
couvert 31
crabe 66, 76
crâne 88
crayon de couleur 34
crème 44, 46
crème au chocolat 49
crème fraîche 67
crémerie 67
crème solaire 77
crépu 20
crevette 66
Cro-Magnon 33
crocodile 70
croissant 30, 56, 66
cube 29
cubitus 88
cueillir 72
cuillère 36
cuisine 31, 36, 86
cuisiner 37
cuisinier 40
cuisse 8
culotte 32

D

danser 12
date 34
déchet 62
découpage 38
décrocher 13
déguisement 42
dégustation 66
dehors 52
déjeuner 36, 52
déménageur 41
demander pardon 23
dent 8, 45, 89
dentifrice 45
descendre 12
dessiner 34
différence 20, 24
digestion 47
digue 77
dimanche 83
dîner 48, 53
dînette 38
dire au revoir 16, 23
dire bonjour 23
dire bonne nuit 23
dire merci 23
dire s'il te plaît 23
docteur 69
donner 12
dormir 29, 50, 51, 53
dortoir 35
dos 9
doudou 28, 34
drapeau 77
dune 77

E

e-mail 22
eau 48, 56, 66, 75
ébloui 14
écharpe 33
échelle 28, 52
école 34, 35, 36, 39, 61
école primaire 39
écouter 14, 38, 43
écrire 22
écureuil 73
écurie 74
effrayé 16, 71
église 60
éléphant 70
élève 34
emmenthal 49
émotion 16, 17
empiler 13
enclos 71
énergie 37
énervé 17
enfant 10
entendant 21
entendre 21
entrée 87
envie 17
épaule 9
épi 75
épicerie 63
épicier 63
éponge 31
épouvantail 75
équilibre 39
essuie-tout 31
estomac 47, 88
estrade 34
étable 75
étage 87
été 85
étoile de mer 76
être accroupi 12
être à genoux 13
être allongé 12
être assis 13
être debout 13
être en colère 17
être en forme 37
être tombé 17
Europe 91
Européen 20
évier 30

F

facteur 22, 40, 62
faim 31, 49
faire attention 63
faire la ronde 39
famille 18, 19, 21, 48, 54
farine 75
fast-food 63

fatigué 17
fauteuil 42
fauteuil roulant 21
féculent 37
fémur 88
ferme 74
fermier 74
fesse 9
feu 63
feuille 73
feutre 34
feu tricolore 62
fier 16
filet 64
fille 8
flamant rose 70
fleur 15, 64, 65, 72
flocon 79
fondre 79
fontaine 65
football 39
forêt 54, 73
fougère 73
four 31
fourrage 74
fraise 66
frère 18
frisé 20
frite 48, 56, 67
froid 78, 79
fromage 49, 67
front 8
frontal 88
fruit 37, 49, 66, 67

G

galet 77
gamelle 49
gant 33
garage 86
garçon 9
gardien 64, 65,
70, 87
gare 61
gâteau 15, 30, 56,
66, 67, 75
gazelle 71
gel douche 44
gencive 89
gêné 16
genou 8
geste 13
girafe 70
glace 67, 79
gland 73
glisser 12
goéland 76
gommette 34
gorille 71
goût 15, 77
goûter 42
grain 75
grand 20
grand-mère 18
grand-père 18
grandir 10, 11
grand-parent 18
grasse matinée 55

grave 69
grenier 86
grenouille 73
grille-pain 31
grimace 16
grimper 12
gronder 14
gros 20
gruyère 67
gui 73
gym 35

H

habit 33
habiter 61
hall 87
handicap 21
hangar 74
haricot 48
hérisson 73
hêtre 73
hibou 73
hippopotame 71
histoire 35, 38, 50
hiver 78, 85
honte 16
hôpital 69
horloge 29, 35, 48
houx 73
humérus 88

I

île 90
illustratrice 41
imagination 51
immeuble 60, 87
imperméable 32, 57
incisive 89
index 89
Internet 22
intestin 88

J

jaloux 17
jambe 9
jambon 48, 67
jardin 86
jardinier 40, 65
jet-ski 77
jeter 62
jeu 64
jeudi 83
jeu vidéo 42
joue 8
jouer 17, 35, 42, 43,
52, 53, 64, 65, 76
jouet 29
jour 82
journal 42
journaliste 41
journée 30, 36, 48
joyeux 16
jupe 32
jus d'orange 30, 66

K

kangourou 70
kiosque à journaux
62
kiosquier 62
kiwi 66
koala 70

L

lait 30, 31, 42, 67
laitage 37
lampe halogène 42
lancer 12
langer 46
langue 8, 15, 89
langue des signes 21
lapin 34, 75
lavabo 37, 45
lave-vaisselle 31
légume 37, 48, 67
lettre 35
lever 28
lever du jour 28
lèvre 89
levure 75
libraire 63
librairie 63
lieu 80
lingette 46
lion 71
liquide vaisselle 31
lire 14, 42, 50
lisse 20
liste de courses 67
lit 28, 29
livre 14, 29, 38
loge 87
loisir 55
long 20
loup 70
luette 89
luge 78
lundi 82
lunette 15
lunettes de soleil 77

M

mâchoire 88
magasin 55, 63, 70
Maghrébin 20
magnet 31
maigre 20
maillot de bain 77
main 8, 89
mairie 60
maison 61, 86
maître 34
maître-nageur 41
maître d'école 40
maîtresse 34
majeur 89
malade 68
maladie 45, 69
malheureux 16

maman 68
manchot 70
manège 54
manger 31, 77
manteau 33
maquillage 44
maracas 38
marcassin 73
marchand de glaces
77
marché 60
marche-pied 47
marcher 12, 21, 39
marcher à quatre
pattes 12
mardi 82
marelle 35
marmotte 79
marron 20, 73
masque 7
maternelle 39
maternité 68
matin 32, 82
mauvais 15
médecin 40, 68
melon 66
menton 9
menu 36
mer 76
mercredi 52, 53, 82
mère 18
métier 39, 40, 56
métro 60
micro-ondes 30
microbe 45
militaire 40
miroir 45
mobile 29
moineau 64
molaire 89
mollet 9
monde 90
moniteur 78
montagne 78
monter 12
morse 70
mosquée 90
moto 62
mouette 76
moule 66
mousse 44, 45, 72
mouton 74
muscle 88
musée 54
musique 14, 38, 43

N

nager 13
naissance 19
nappe 48
narine 8
nature 61, 65, 72
navet 67
neige 78, 79, 84
nez 8, 15
nid 73
noir 20
nombril 8

nom de famille 18
nourrir 65
nourriture 37
nu 33
nuage 84
nuit 29, 50
nuque 9

O

obscurité 51
océan Antarctique 91
océan Arctique 91
océan Atlantique 90
Océanie 91
océan Indien 91
océan Pacifique
90, 91
odorat 15
œil 8
œuf 48, 78
oie 74
oignon 67
ongle 89
opéra 91
orage 84
orange 66
ordinateur 22
ordonnance 69
oreille 8, 14
oreiller 50
organe 88
otoscope 69
ouïe 14
ours blanc 70
ouvrier 40

P

pain 48, 66, 75
pain au chocolat
30, 66
palais 89
palier 87
panda 71
panier 34, 67
panneau 63, 64, 71
pansement 45, 56
pantalon 33
panthère 71
paon 71
papa 68
papier-toilette 47
papillon 72
parabole 87
parasol 77
parc 53, 61, 64,
65, 70
parent 17, 18, 19,
21, 24
parfum 44
parking 61
parler 22
parterre 64
passage piéton 63
passion 55
pâte à modeler 34
pâte à tartiner 30

pâtes 48, 75
patient 68
patiner 78
patinoire 78
pâtisserie 62
pâtissier 62
payer 66
peau 14, 20, 89
pêche 66
pêche à la ligne 43
pêcher 72, 77
pêcheur 73
pectoraux 88
peigne 44
peignoir 44
peinture 35, 38
pelle 76
pelouse 64
peluche 28
pense-bête 31
penser 21
percheron 74
perdu 67
père 18
perle 34
péroné 88
personnage 80
personne âgée 11
pèse-personne 44,
69
peser 66
petit 20
petit-déjeuner 30
petite chaise 36
petite cuillère 30
petit pot 48
peur 16, 51
phare 76
pharmacie 45, 62
pharmacien 62
phoque 70
photo 70
photographe 41
pied 8
piéton 63
pilote 41
pincer 76
pipi 47
pique-nique 72
piscine 54, 61
piste 79
pizza 48, 67
place 60
plage 76
planche à voile 76
plante 34, 65
plat 31, 36, 77
plateau-repas 68
pleurer 17
plonger 13
plongeur 76
plot 39
pluie 84
poignet 8
poil 89
poire 66
poireau 67
poisson 65, 66
poissonnerie 62
poissonnier 62

poisson pané 48, 67
poivron 67
police 61
policier 40
politesse 23
pomme 66
pomme de terre 67
pompier 40, 62
poney 54
pont de singe 64
porcherie 74
port 76
portail 65
portemanteaux 37
porter 13
poser 13
poste 22, 60
poster une carte 22
pot 46
poubelle 44, 46, 64, 70, 87
pouce 89
poulailler 74
poule 74
poulet 48, 67
poumon 88
poupée 42
pousser 12
poutre 39
pré 75
prendre 12
prénom 19
presse-agrumes 31
printemps 85
prix 67
promener 65
propre 44
propreté 46
pull 33
purée 48
puzzle 43
pyjama 32
pyramide 91

Q

quiche 48

R

raconter 38
radiographie 68
radis 66
radius 88
ramasser 72
ranger 51
raquette 79
rasoir 45
râteau 76
rayon charcuterie 67
rayon crémerie 67
rayon fruits et légumes 67
rayon poissons 66
recette 67
recevoir 16, 22
réflexe 13
réfrigérateur 31

regarder 14
règle 23
rehausseur 47
remplir 13
renard 72
repas 30, 36, 48
respecter 23
restaurant 62
rêve 51
réveil 28, 56
rêver 50
rez-de-chaussée 87
rideau 28, 35, 50
rire 16
rivière 73
riz 48
robe 32
robe de chambre 50
robinet 44, 47
rocher 76
roulade 12, 39
route 63
roux 20
rue 62

S

s'amuser 16, 17
s'étirer 28
s'habiller 32
sable 76
saison 85
salade 48, 49, 66
saladier 49
salé 15, 77
saleté 45
salle d'attente 68
salle d'opération 68
salle de bains 44, 86
salon 86
salon de coiffure 63
salopette 33
samedi 83
sanglier 73
santé 69
sapin 72, 79
satisfait 16
saucisse 48, 67
saucisson 67
saumon 48
sauter 12, 43
sauter à cloche-pied 39
sauveteur 77
savon 37, 45, 47
scooter 63
seau 76
se bagarrer 12
se baigner 76
se blesser 14
se brosser 45
se chatouiller 12
sèche-cheveux 44
se coucher 50
secrétaire 40
se divertir 61
sel 75, 77
se laver 44, 45, 47
se laver les mains 37

se lever 13
se loger 61
semaine 82
semoule 75
senior 11
se nourrir 31
sens 14, 21
sensation 31
sentier 72
sentiment 25
sentir 15
sentir bon 45
se promener 54, 64
se protéger 33
se raser 45
se réveiller 28
se rhabiller 37
seringue 69
serpent 71
serveur 62
serviette 30, 36, 44, 47, 48, 77
servir 36
se sécher 44
se tenir la main 13
sexe 8, 9
shampoing 44
short 32
sieste 29, 35, 52
singe 71
sirop 45
ski 79
skier 78
skieur 79
slip 32
soda 67
sœur 17, 18, 68
soigner 69
soigneur 70
soir 48, 50, 53, 82
soleil 76, 84
sommeil 29
sommet 79
soupe 48
sourcil 8
sourd 21
sous-sol 87
spectacle 54
sport 52
squelette 88
stade 60
station-service 61
station de ski 78
statue 60, 90
steak 48, 56, 67
stéthoscope 69
steward 41
studio 87
sucre 30
sucré 15
supérette 60
supermarché 66
surfer 76, 78
surgelé 67
surveiller 35
système sanguin 88

T

table 36, 43, 49
tableau 34, 56
table de chevet 28
taille 9, 20
talon 9
tambourin 38
tamis 76
tape-cul 64
tapis 28, 39, 44
tapis roulant 66
taquiner 17
tartine 30, 42
tasse 30, 49, 50
taureau 75
tee-shirt 32
télécommande 43
téléphone 22
téléphoner 22
téléski 78
télévision 42, 56, 68
temps 84
terre 74
têtard 73
tête 9
tétine 50
téton 9
thé 30
thermomètre 45, 69
tibia 88
ticket 66
tigre 71
tire-fesses 78
tirer 12
tobboggan 35, 52, 64
toilettes 36, 37, 46, 47
toise 11, 69
toit 86
tomate 66
tomber 12
tong 77
tortue 70
toucher 14
tour 90
tourner 13
tracteur 75
train 61
traîneau 78
transistor 28
travail 41, 53, 61
travailler 40, 41, 67
traverser 63, 80
tricycle 35
triste 16
tronc 73
trottoir 63
tuba 76
turbulette 51

V

vaccin 69
vache 74
vague 76
vaisseau 88
vase 42

veau 75
veilleuse 50
vélo 54, 62
vendredi 83
ventre 9
verdure 64, 65
verger 75
verre 31, 45, 49
vert 20
veste 37
vestiaire 37
vêtement 32, 33
vétérinaire 40
viande 37
vider 13
vieillir 11
ville 60, 61, 62, 64, 65
vin 66
visage 8, 20
vivarium 70
voilier 76
voir 15, 21
voiture 62
vue 14

W

week-end 54

X

xylophone 38

Y

yaourt 30, 49, 56, 67
yeux 14, 15, 20

Z

zèbre 71
zoo 70, 71